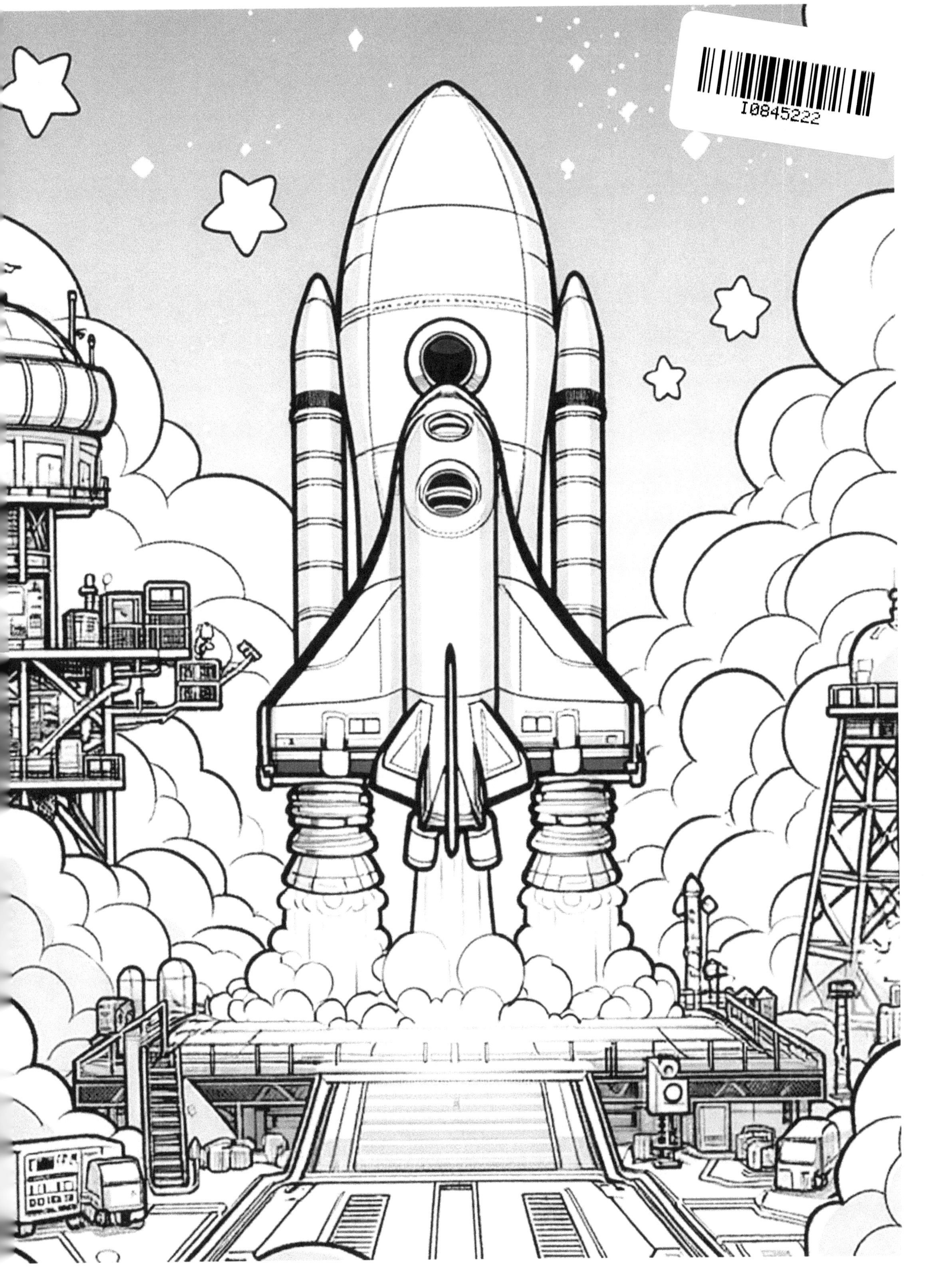

I0845222

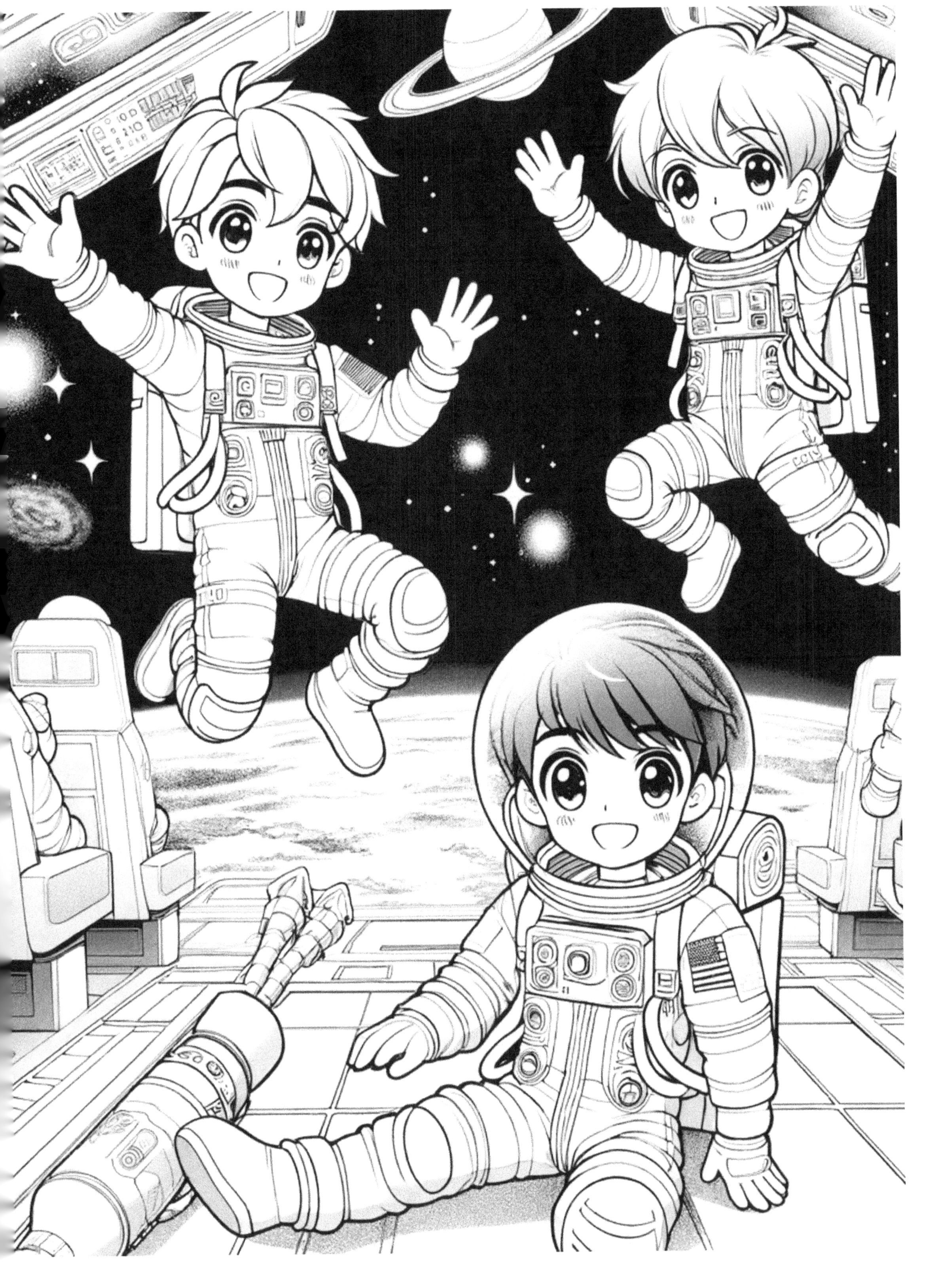

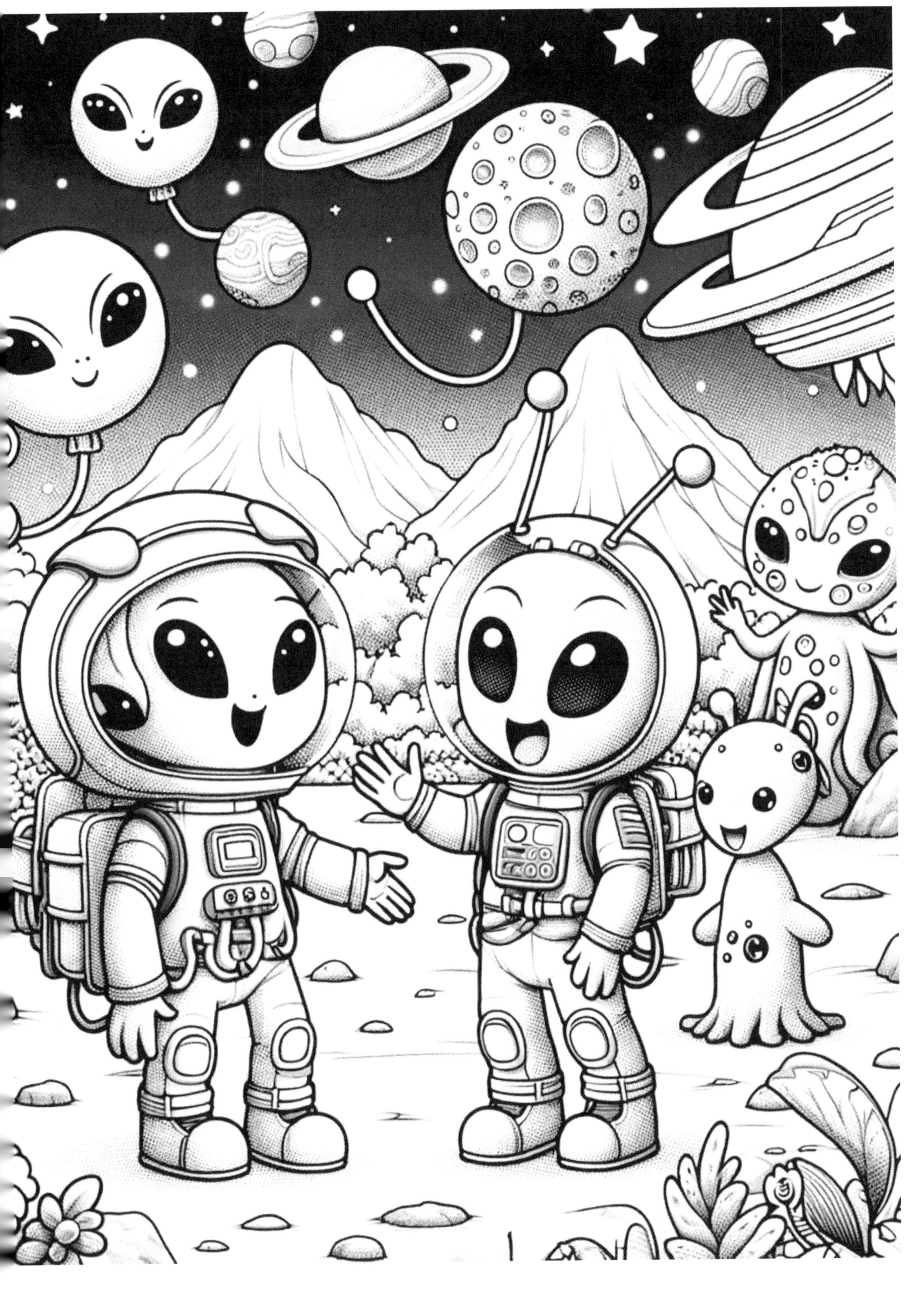

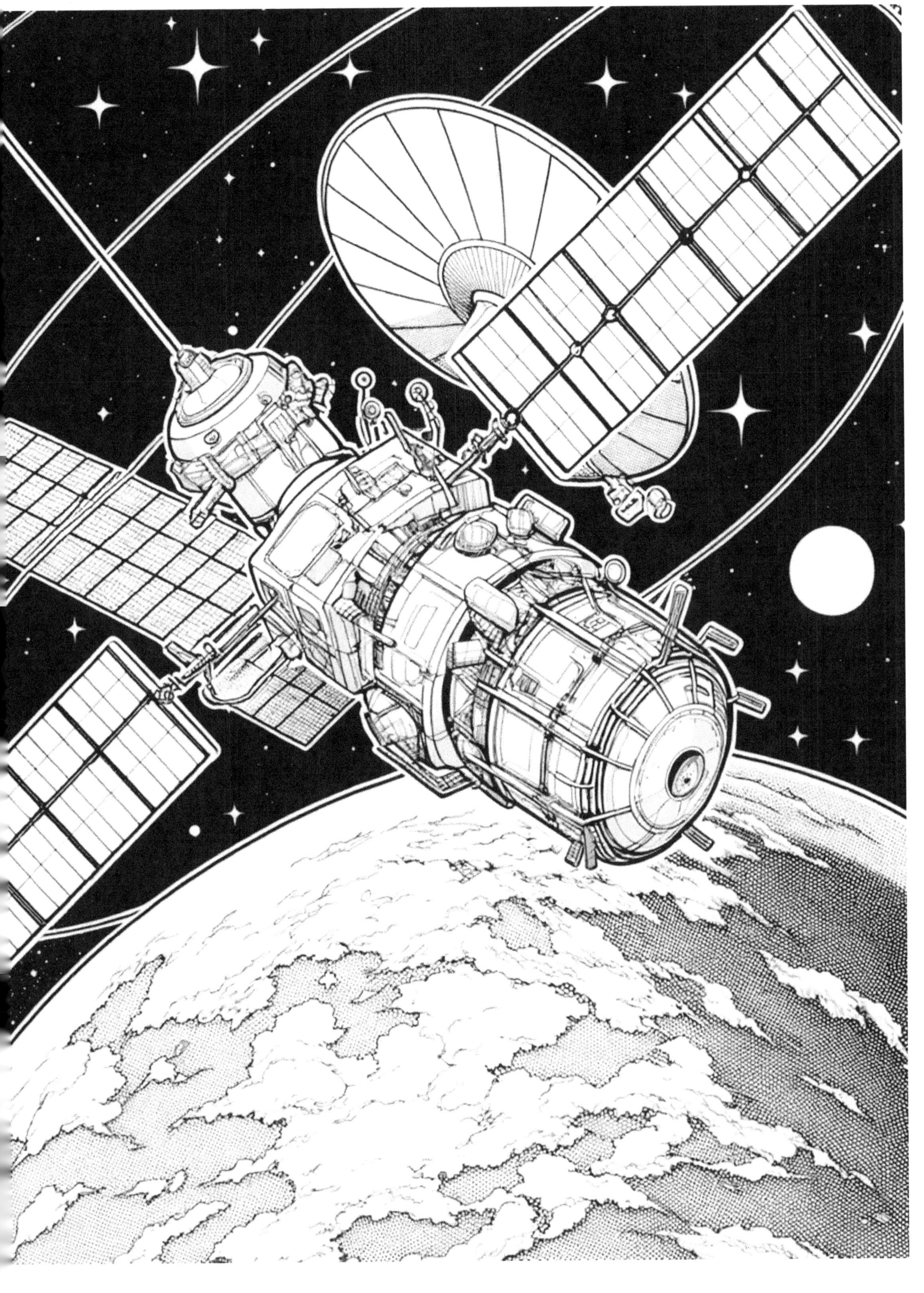

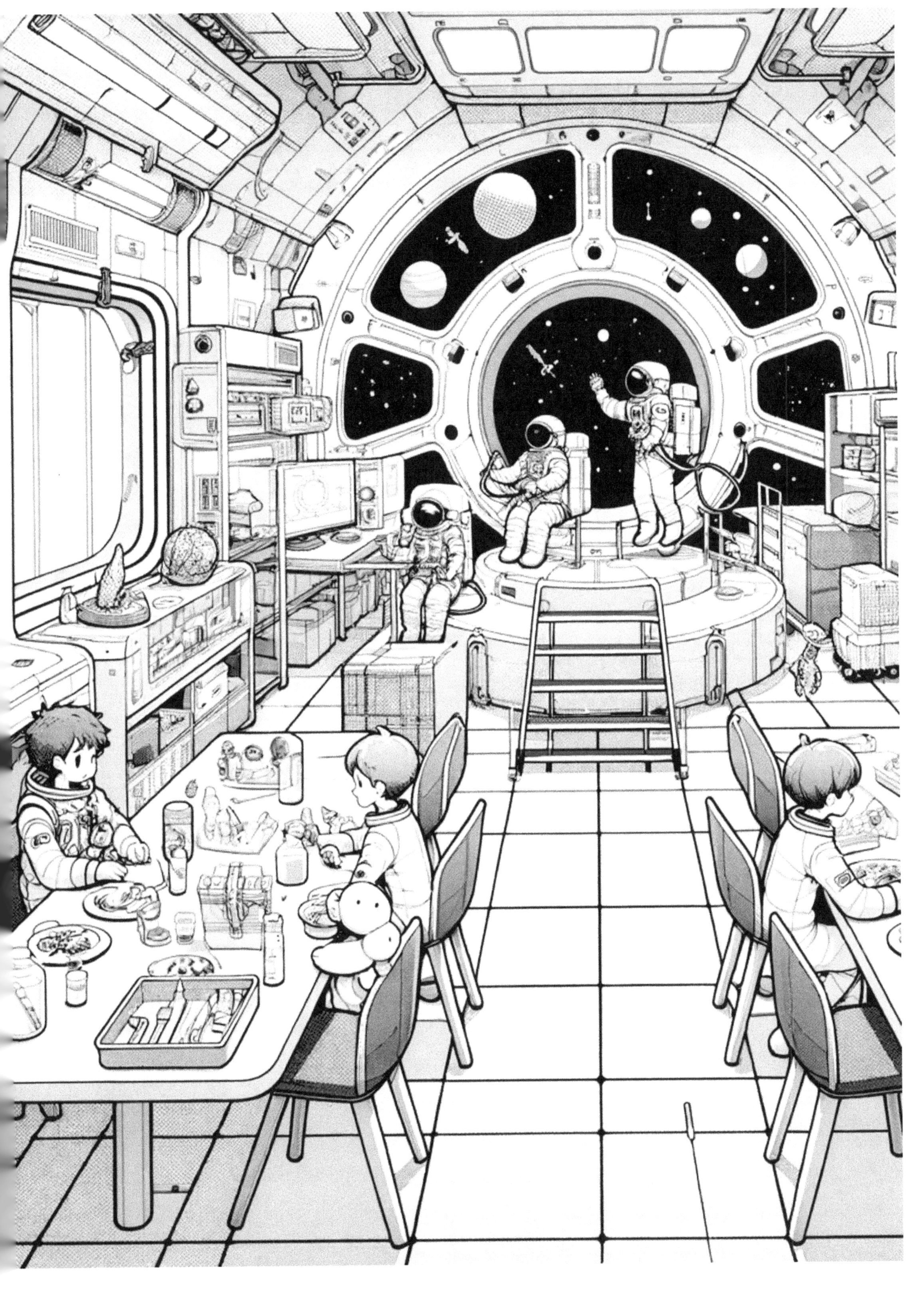

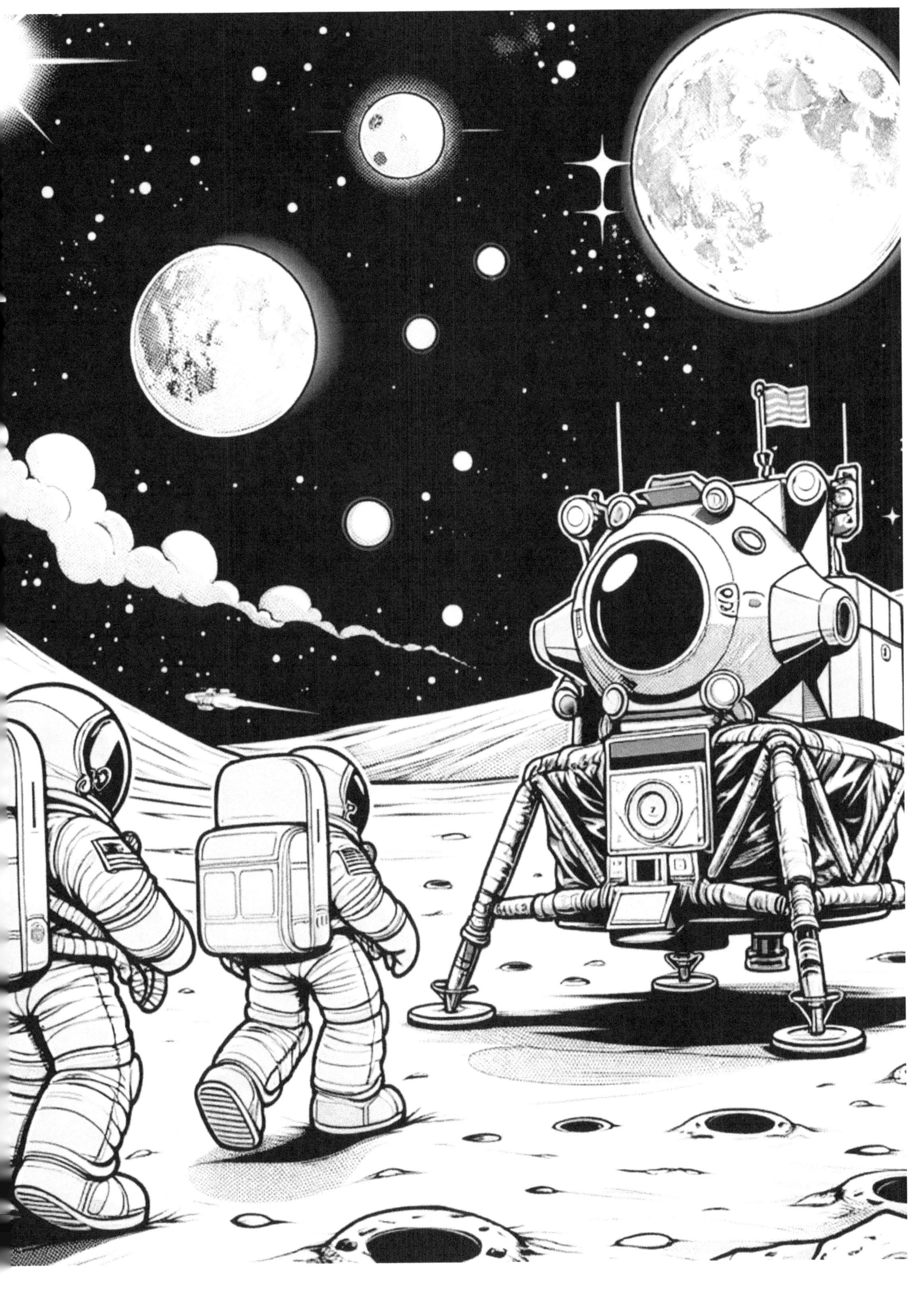

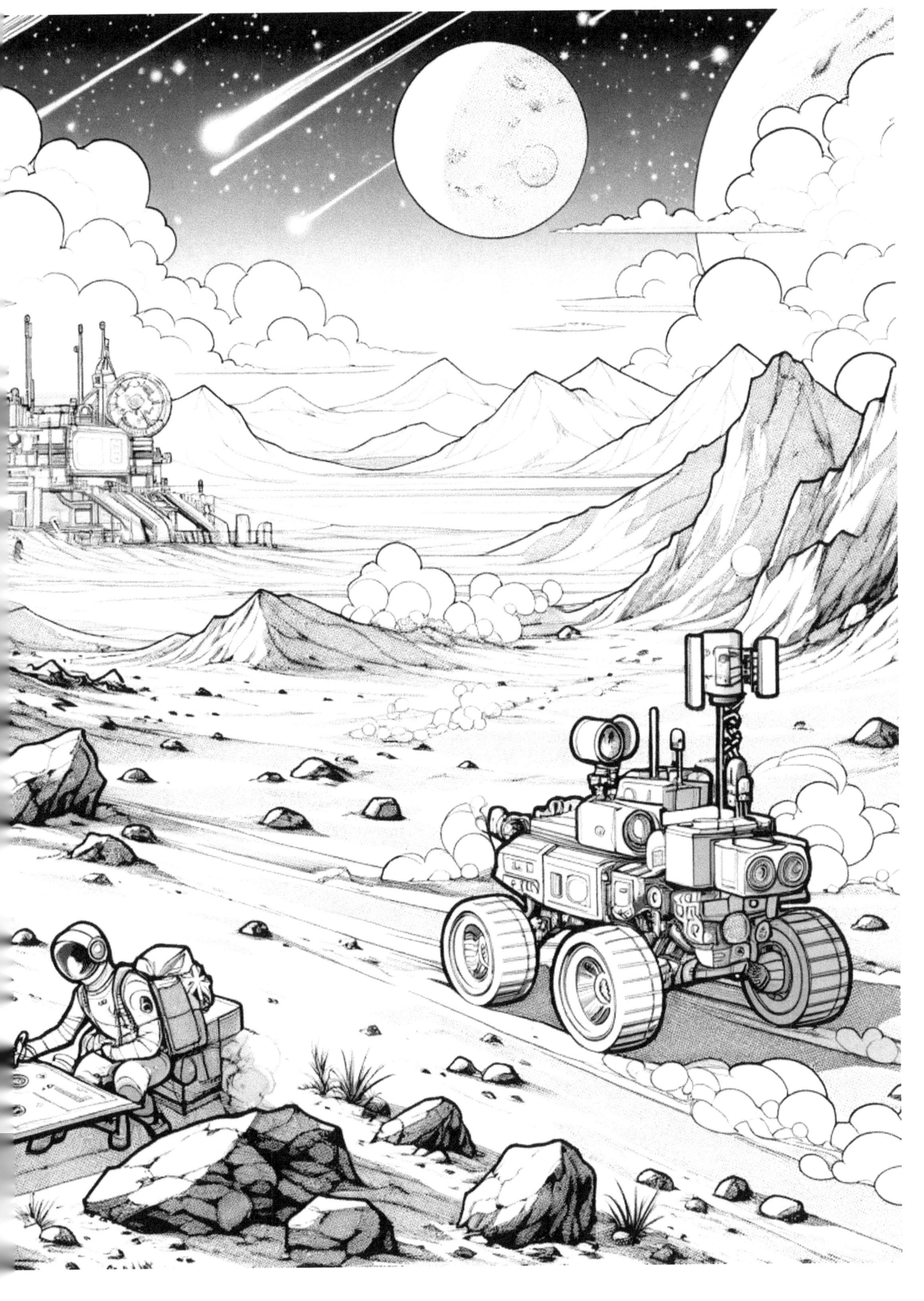

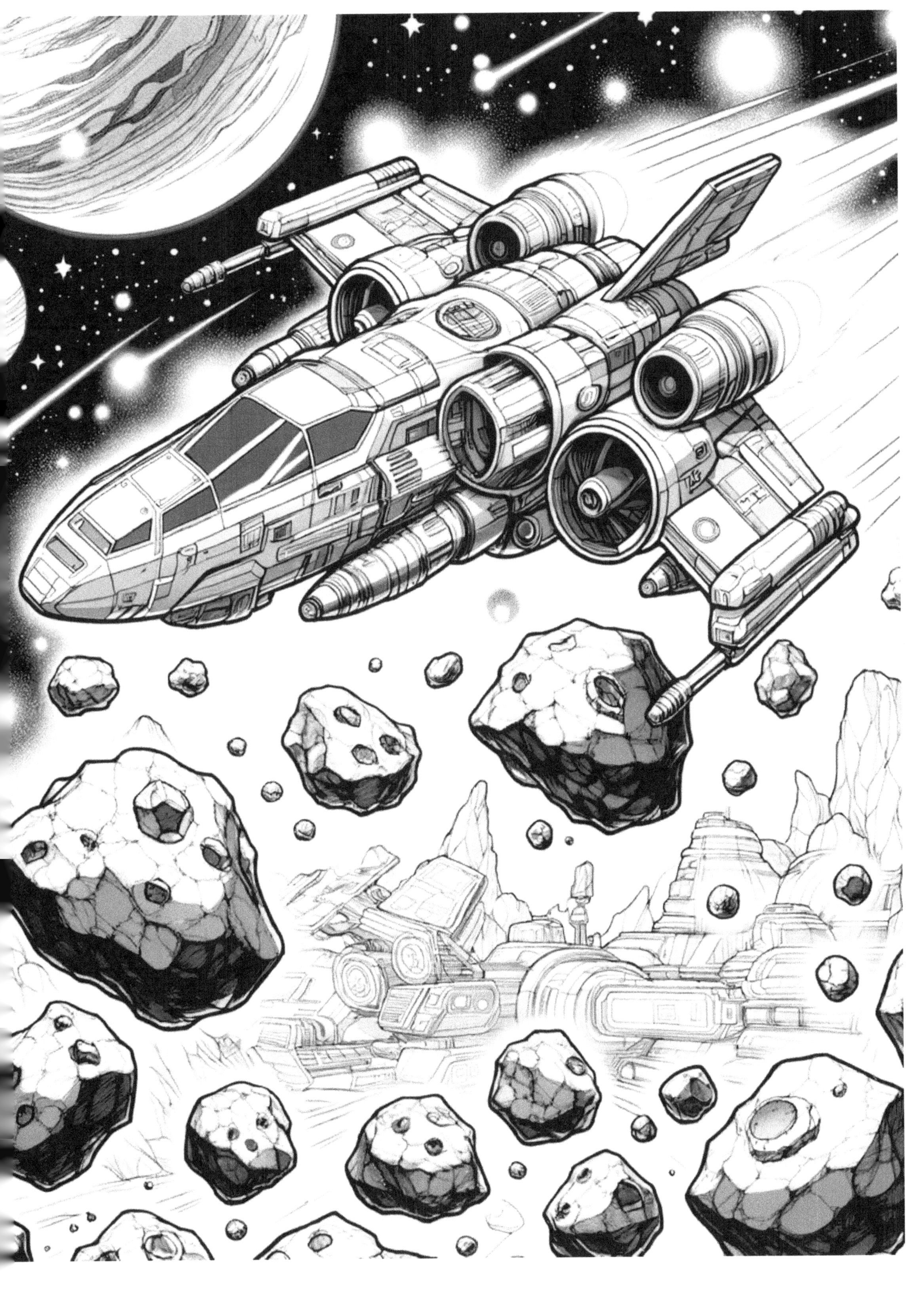

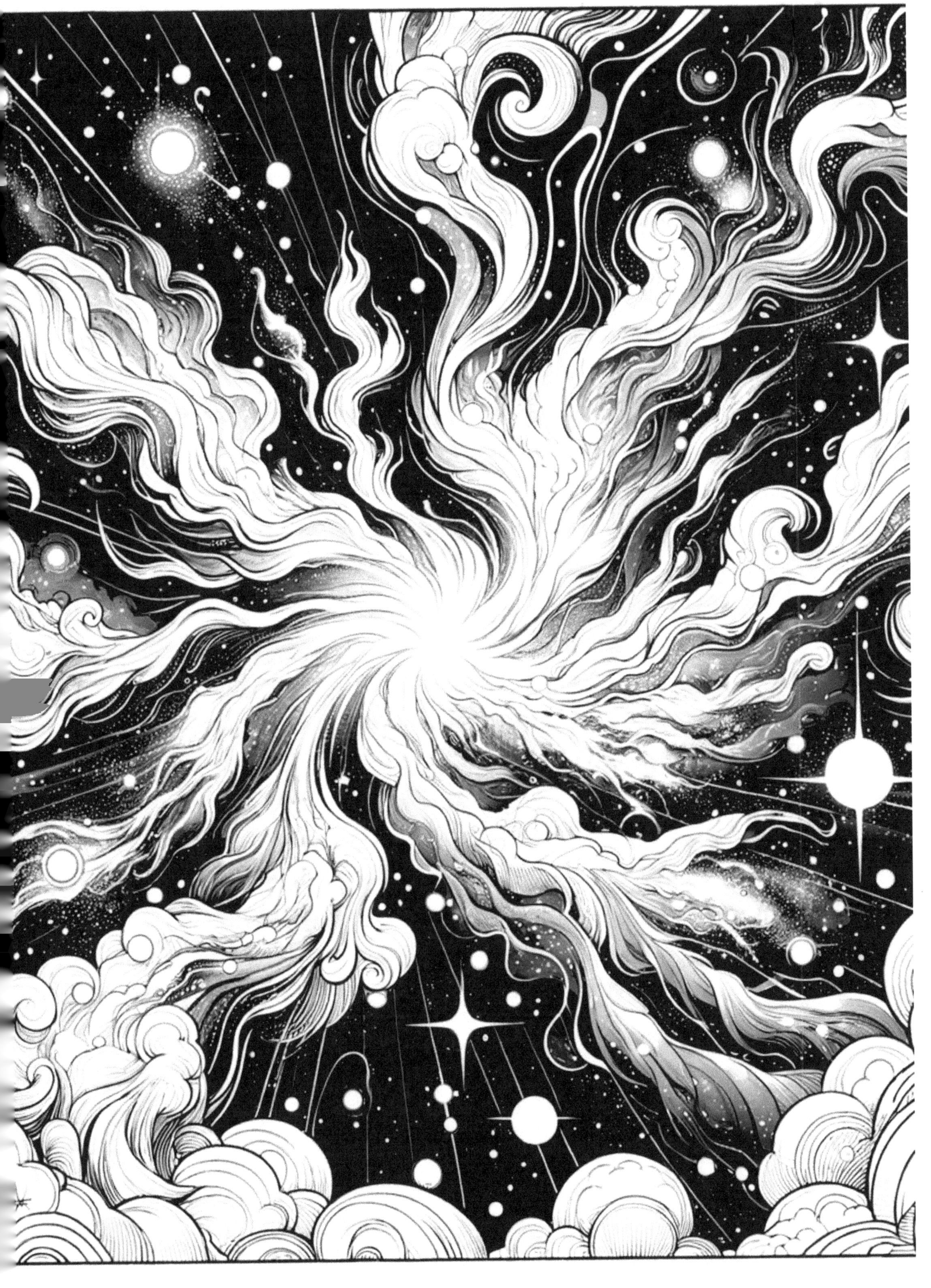

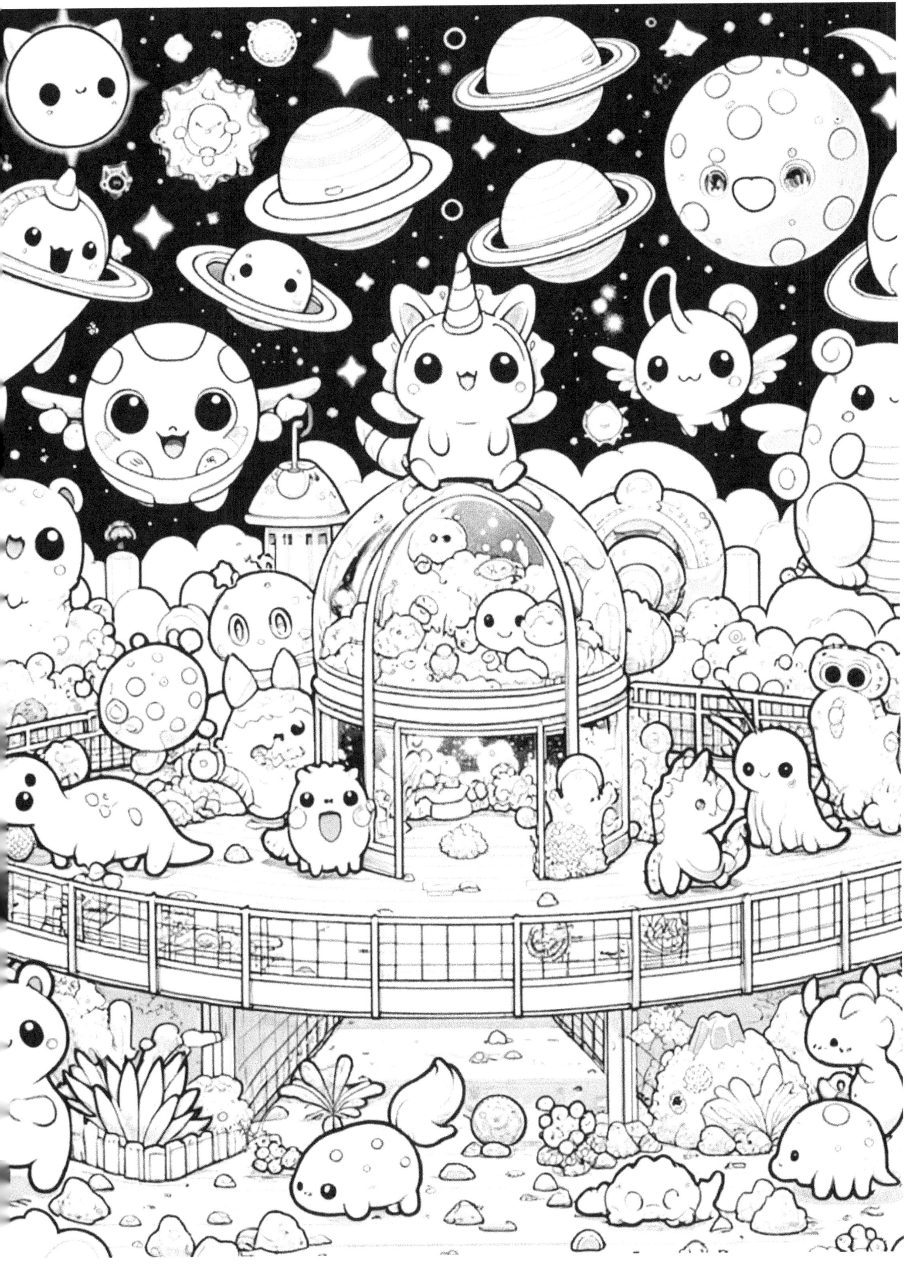

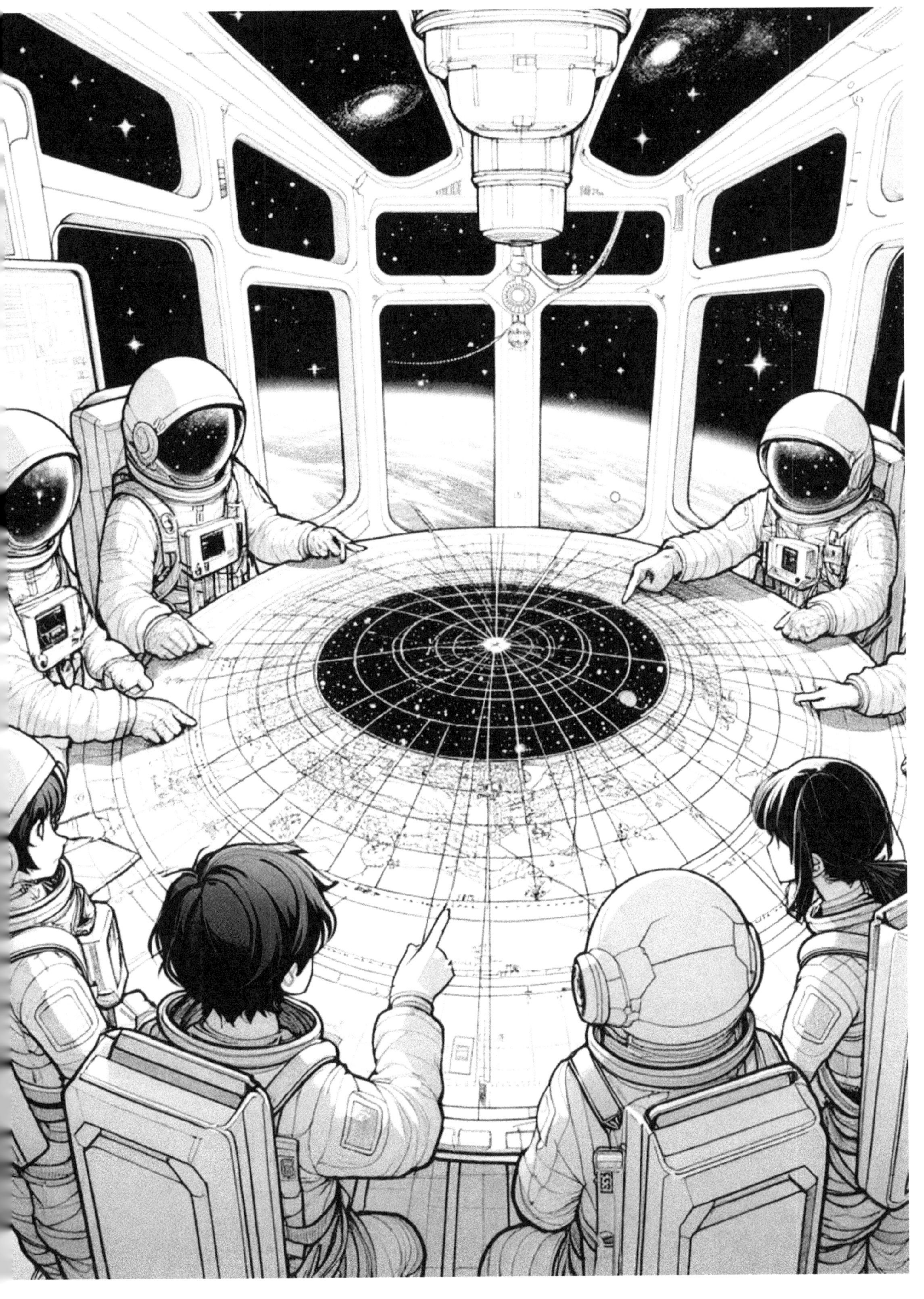

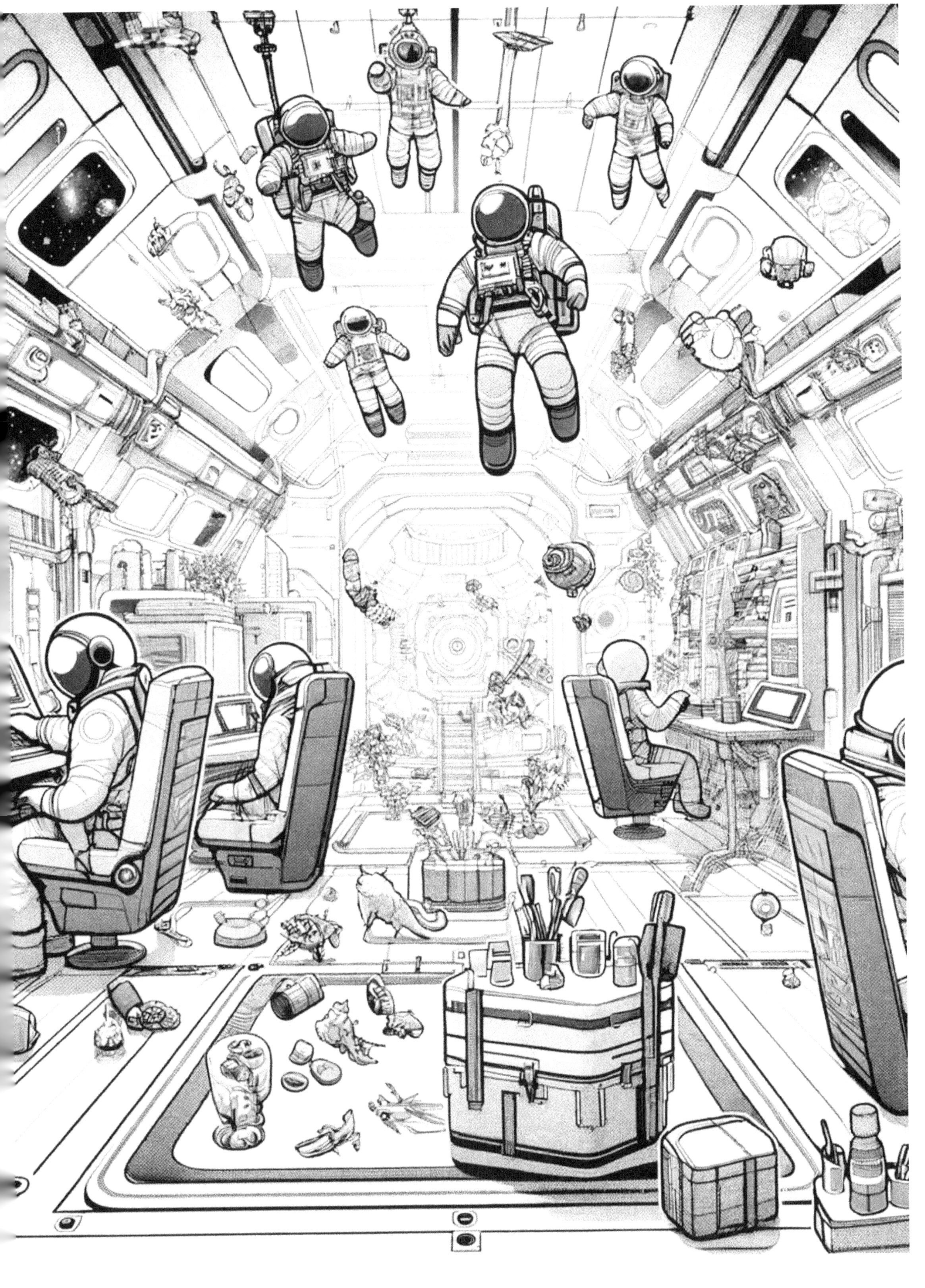

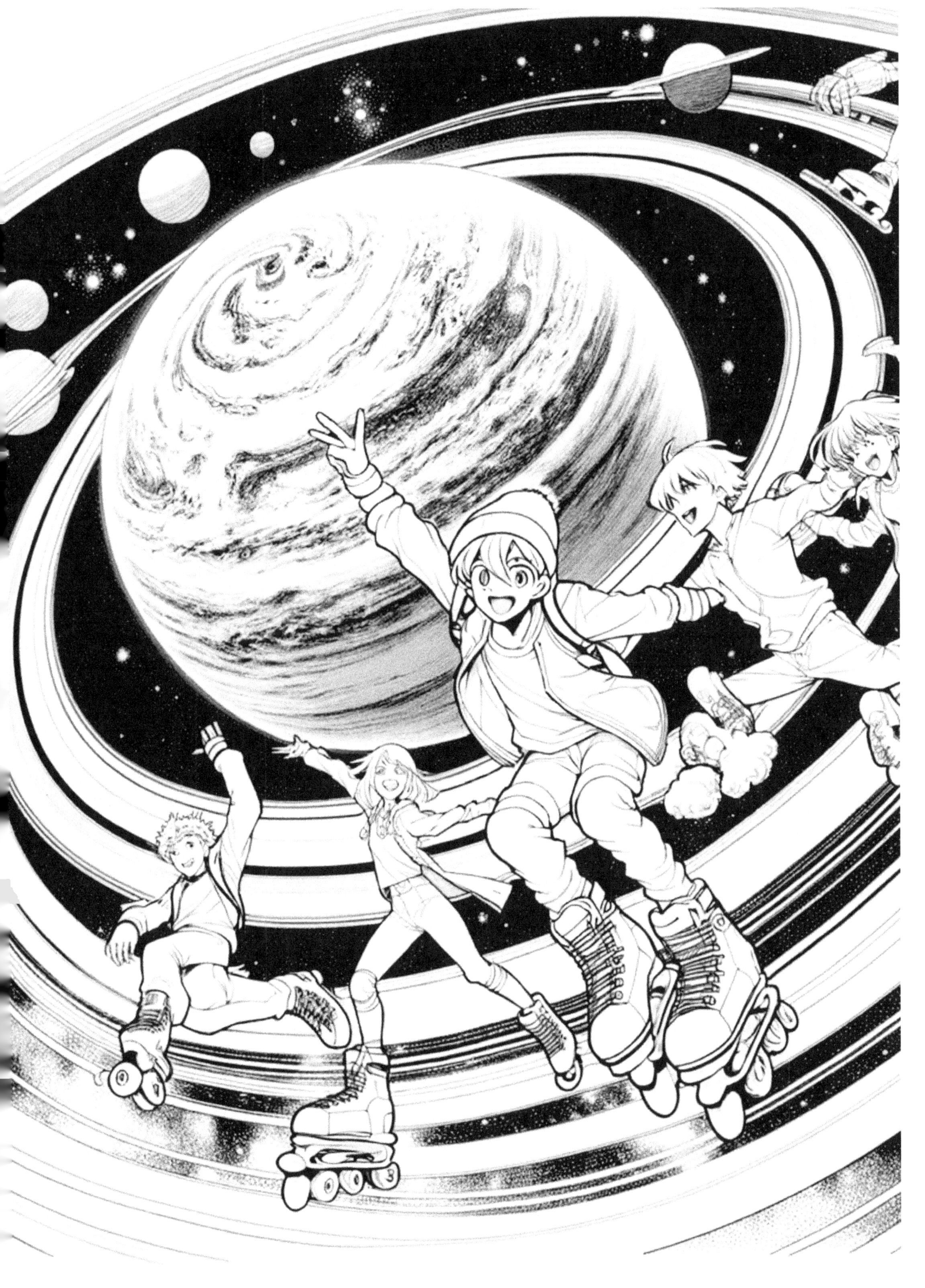

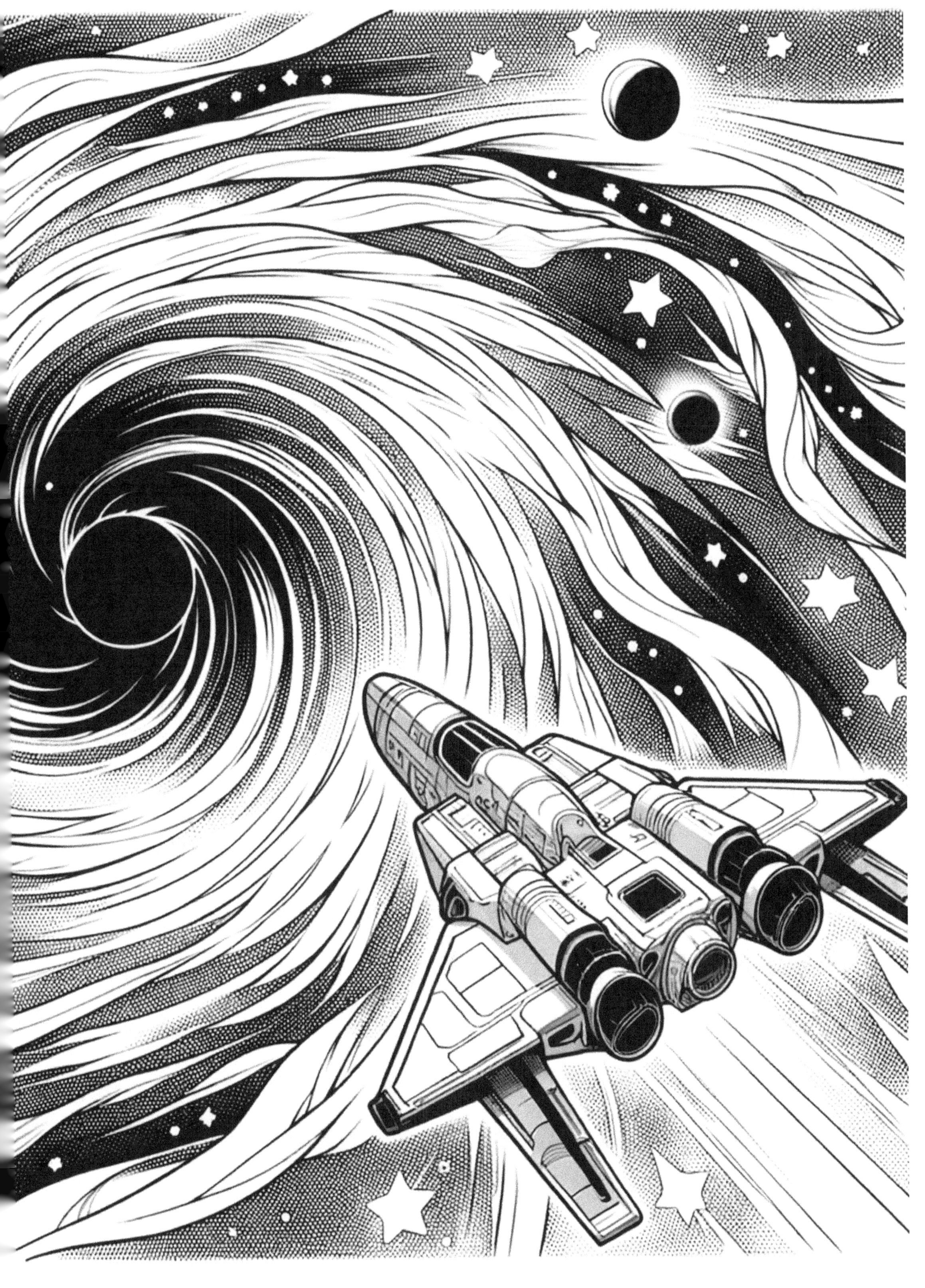

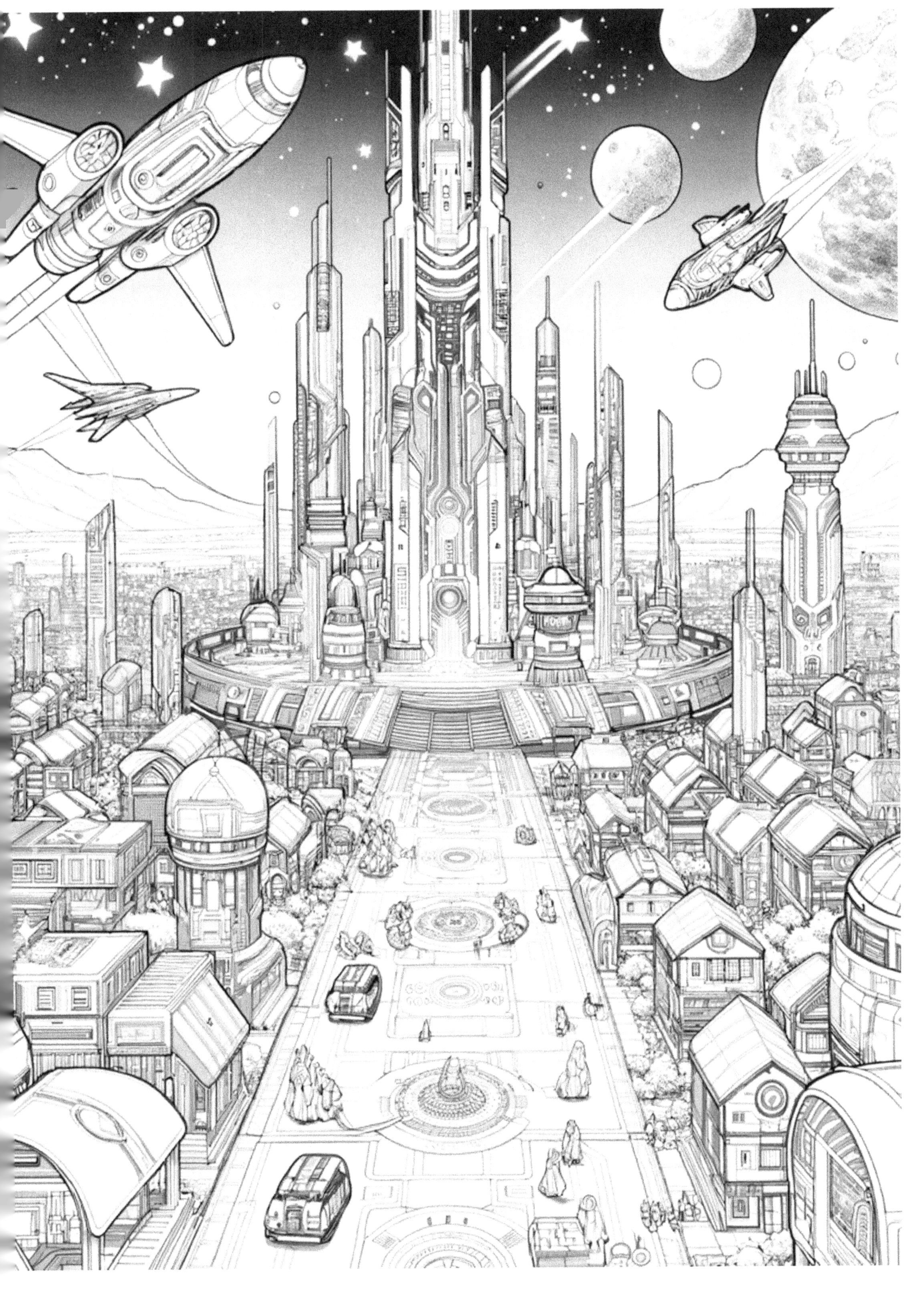

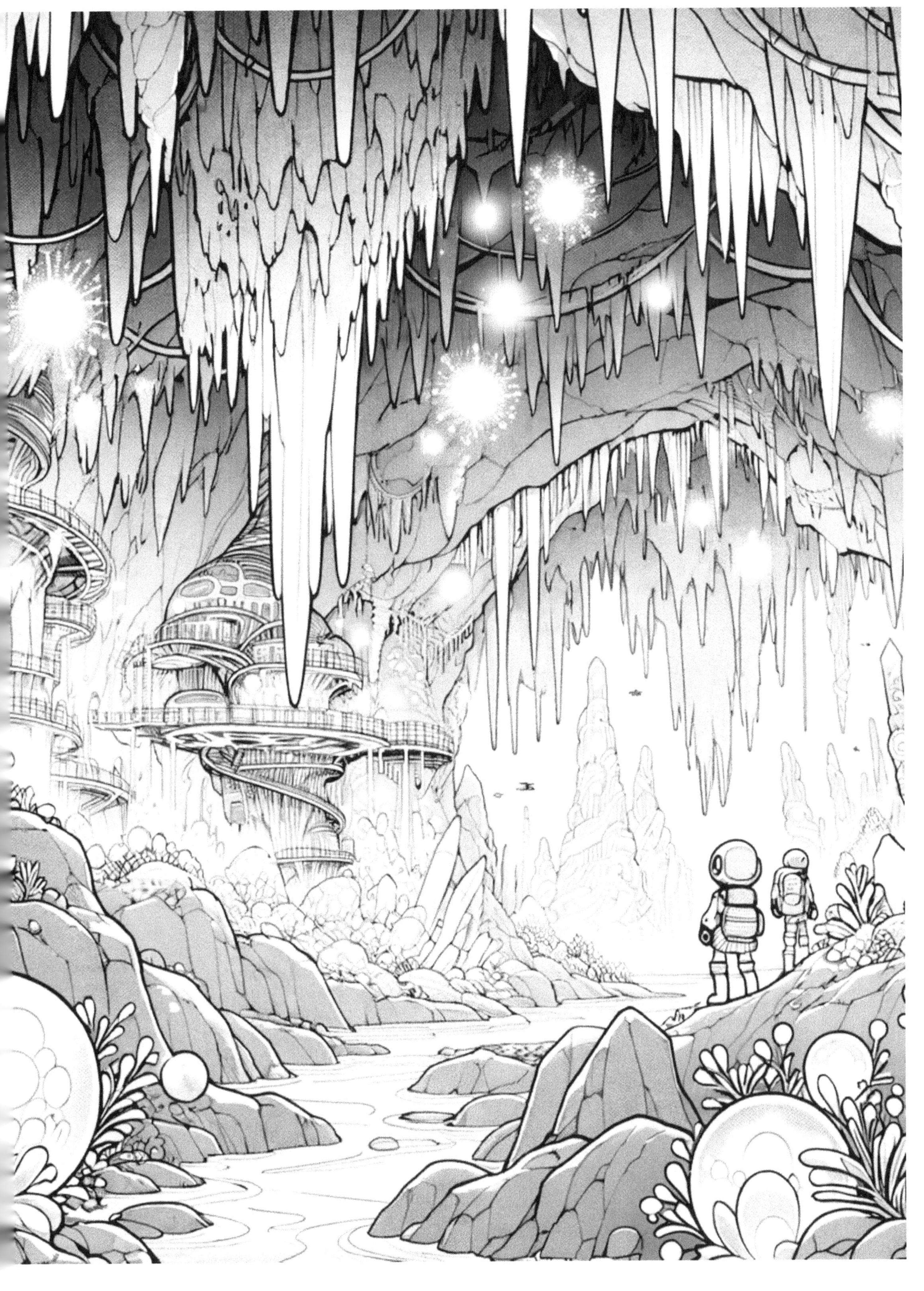

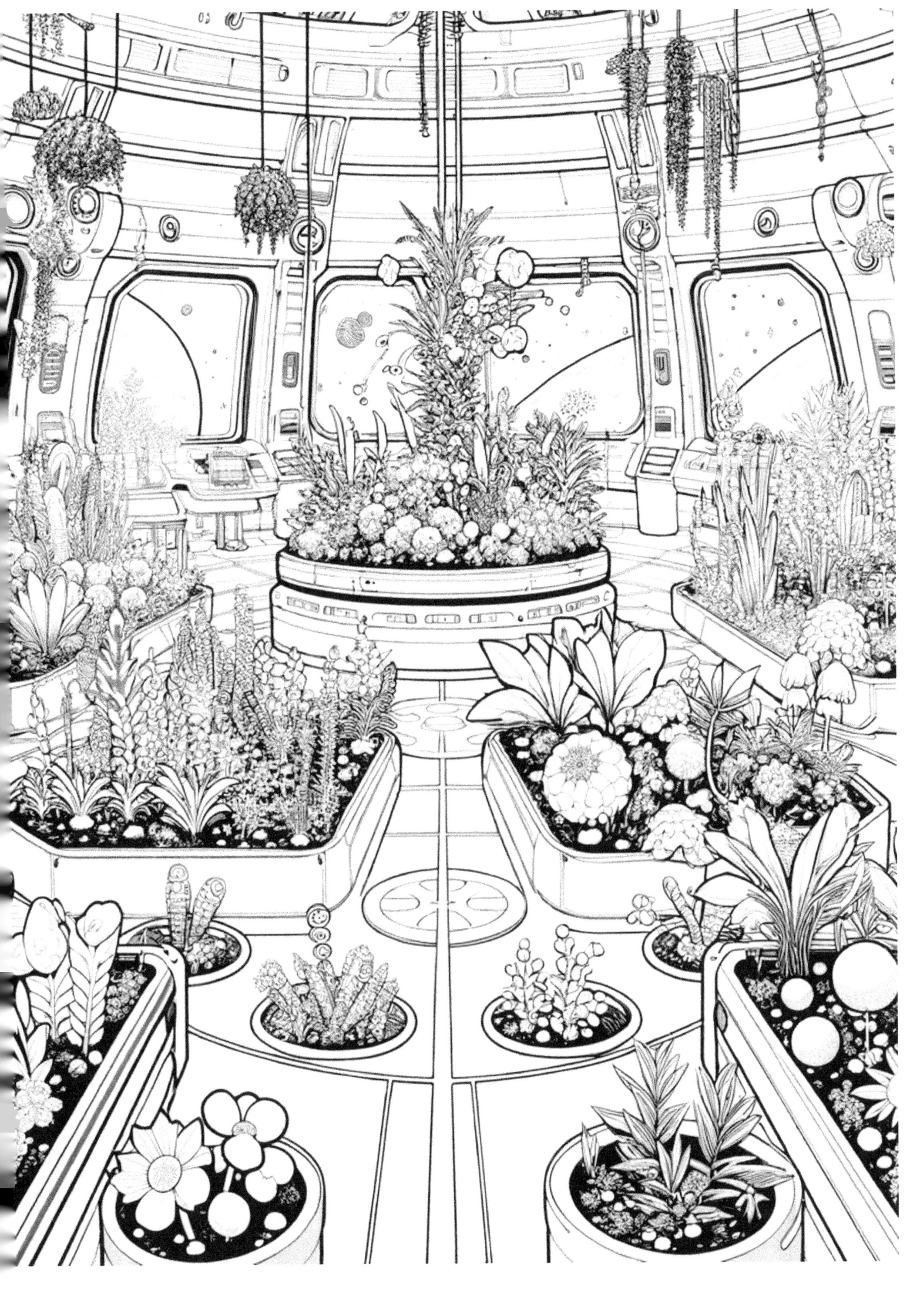

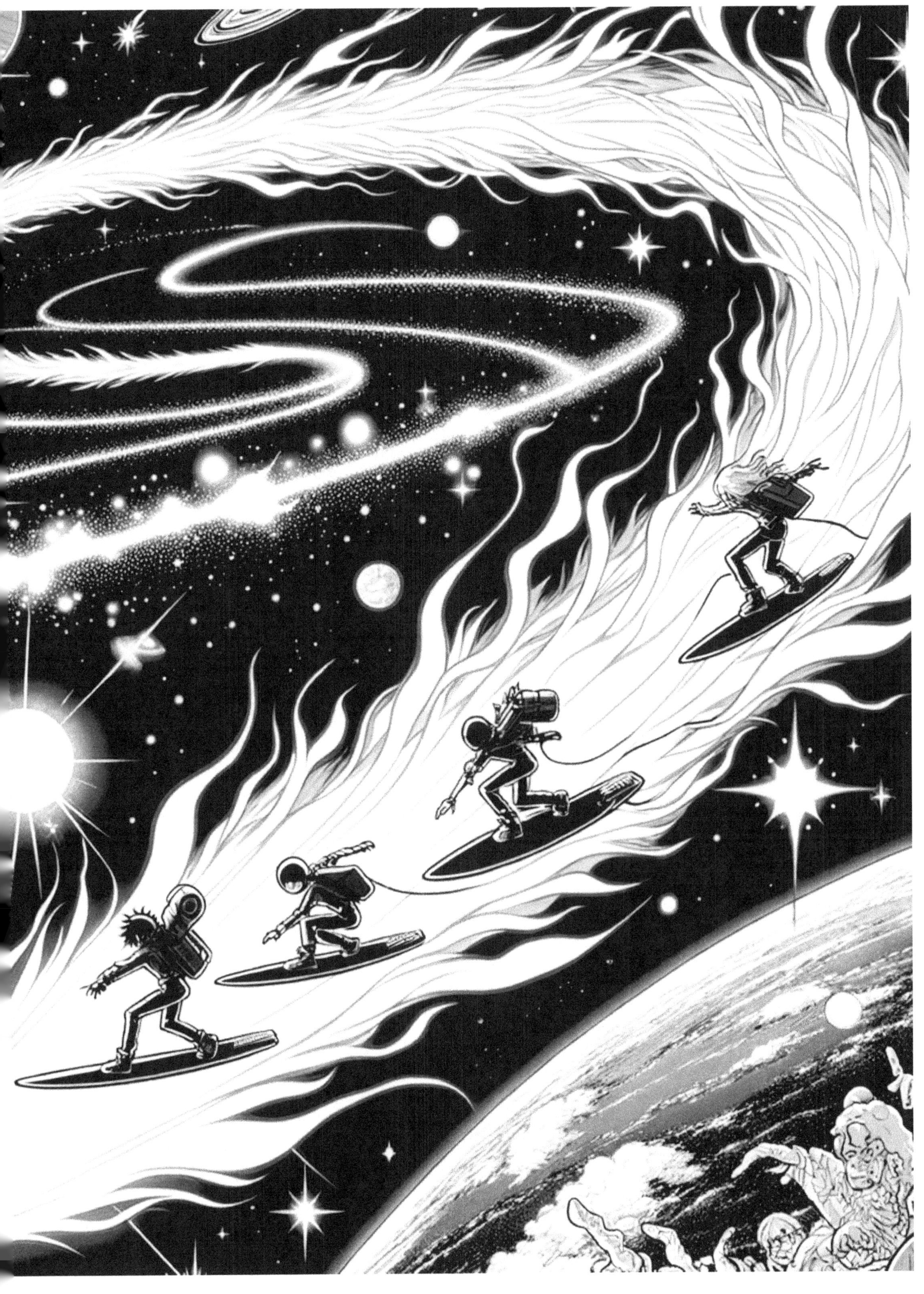

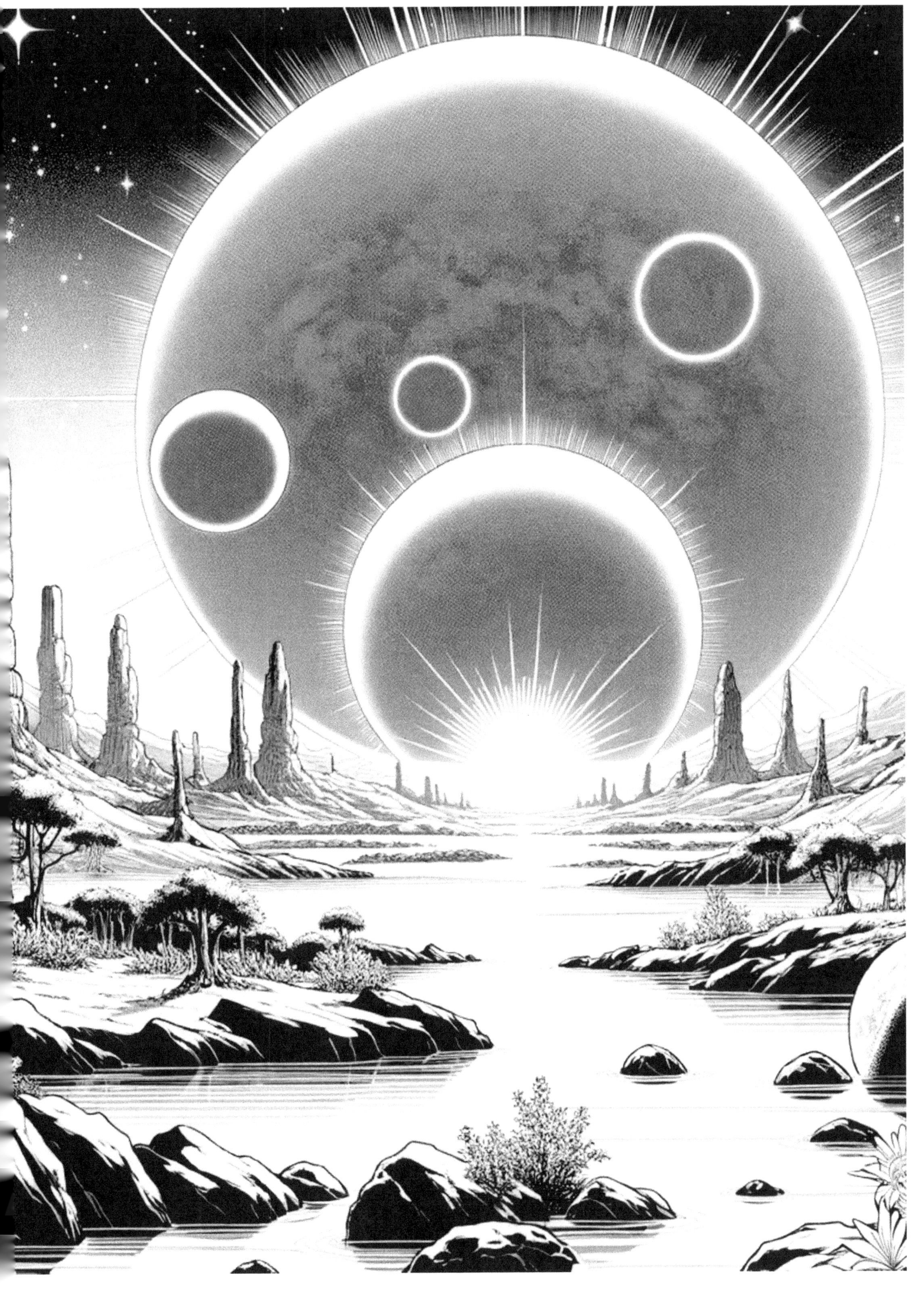

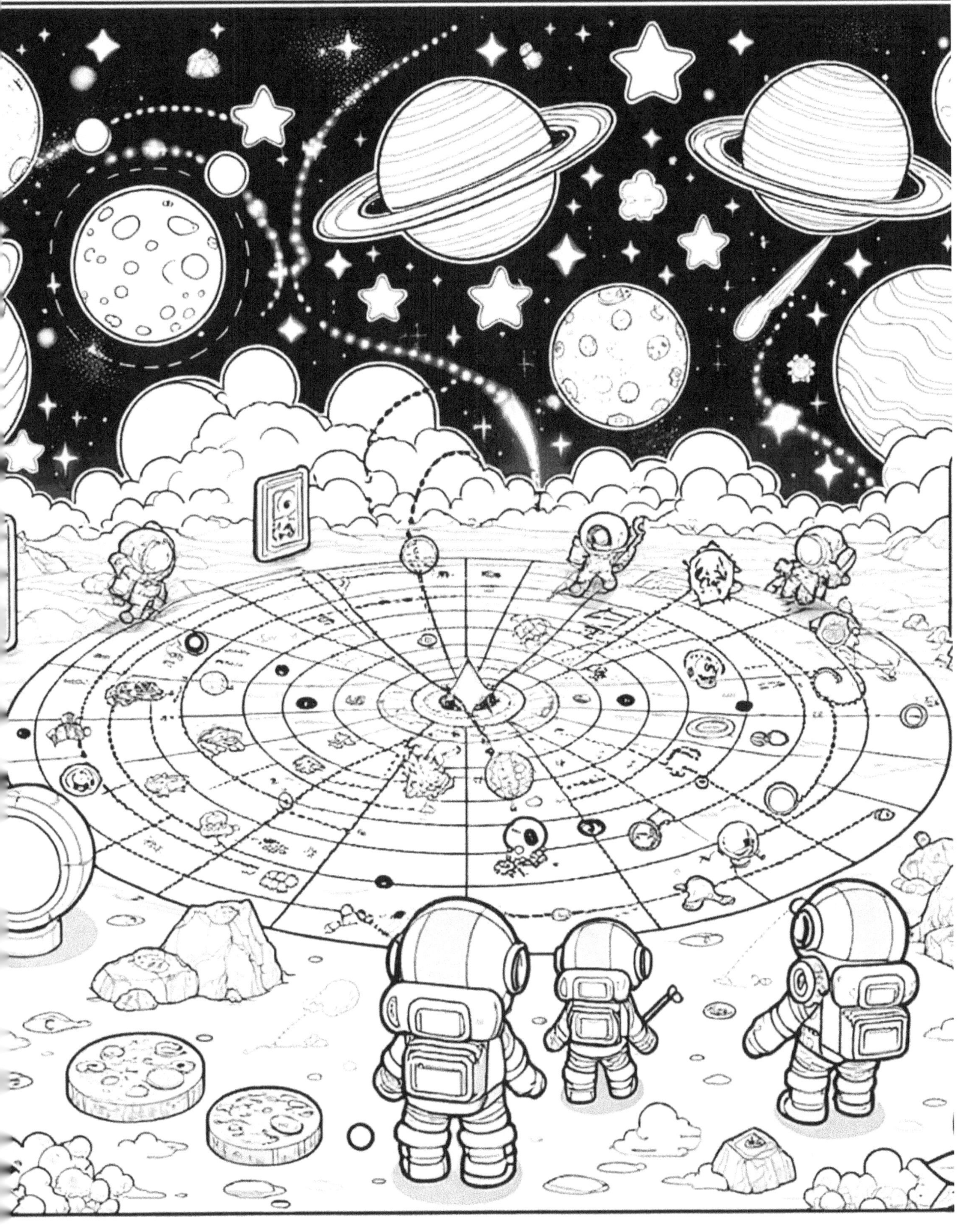

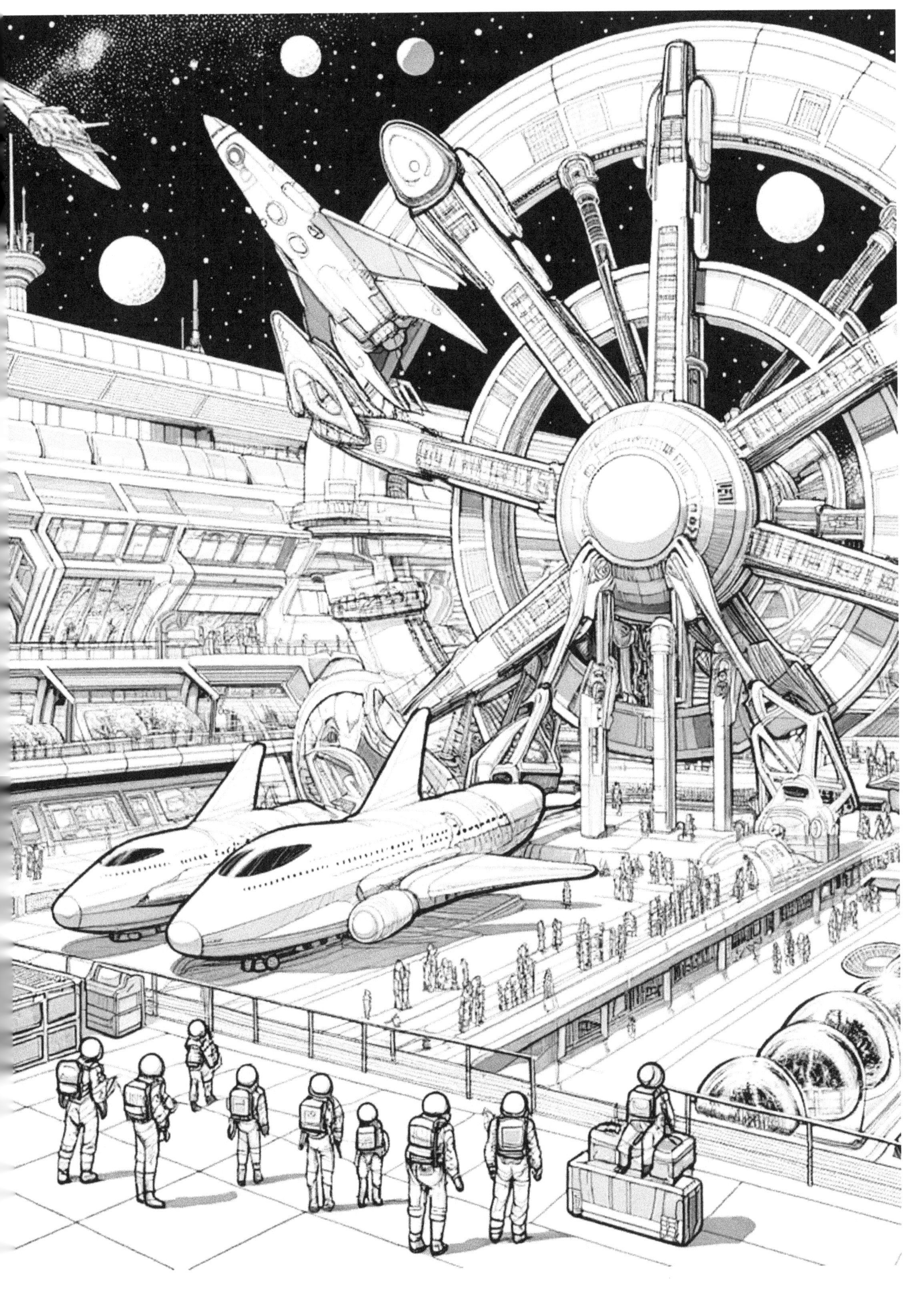

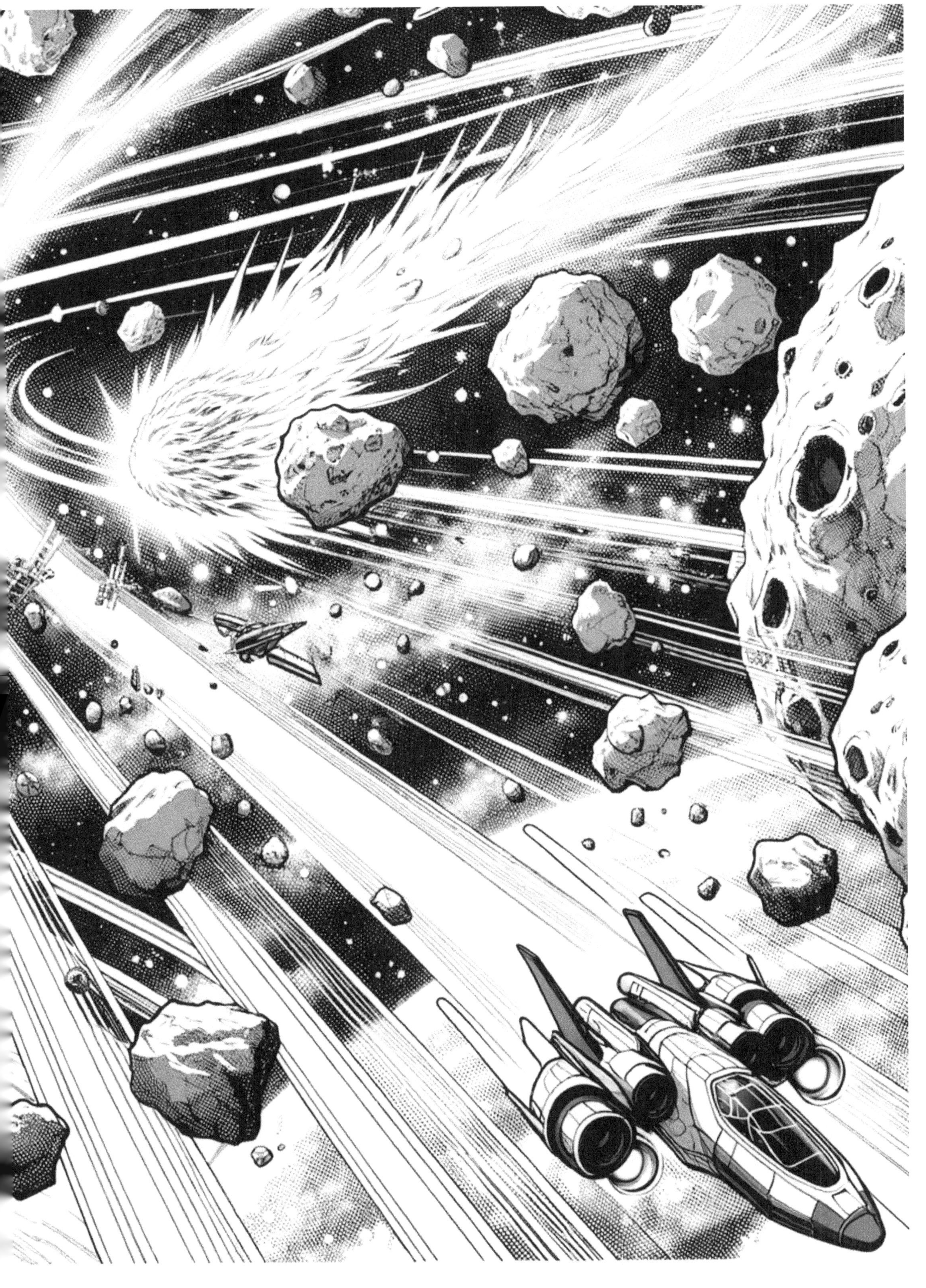

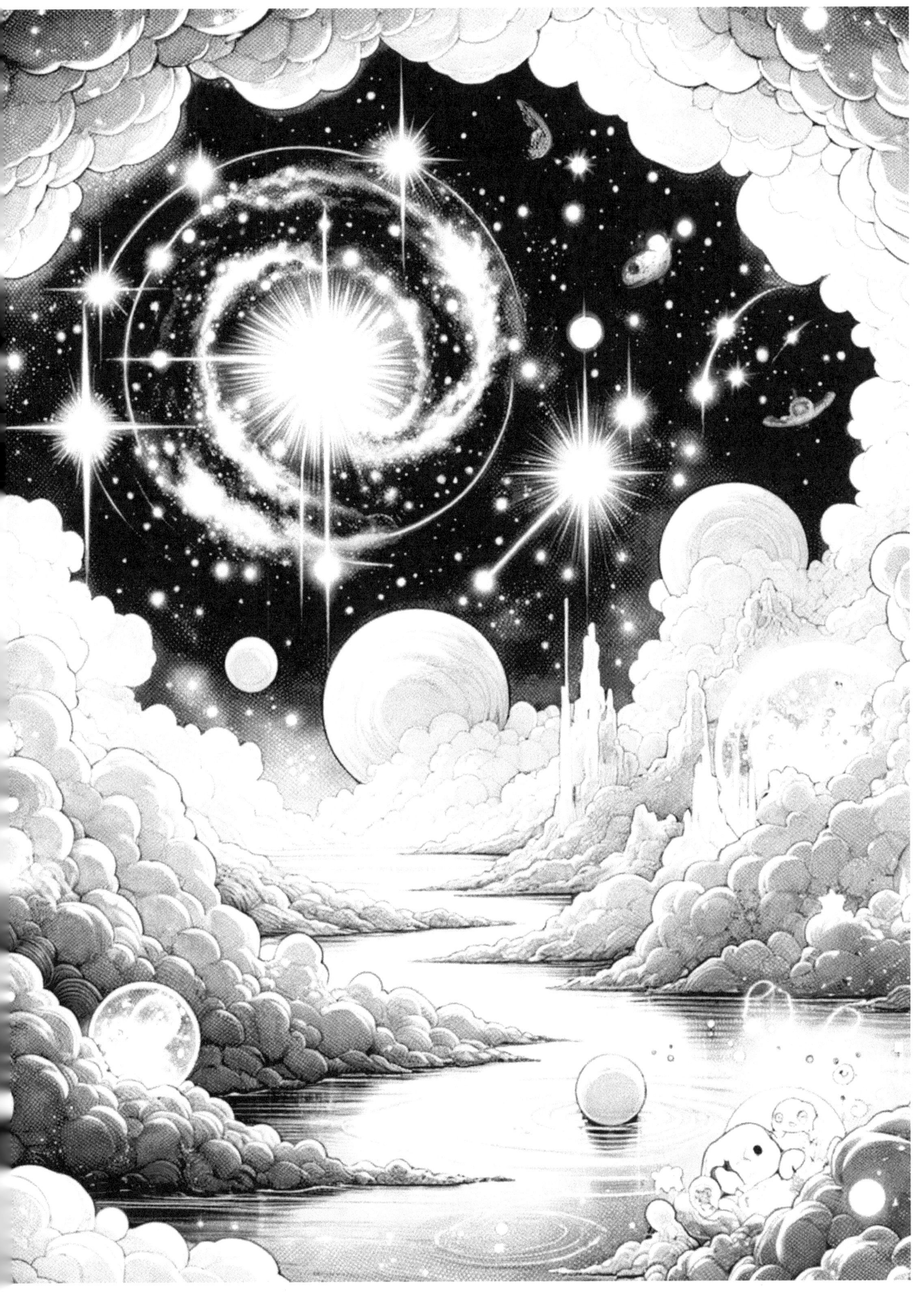

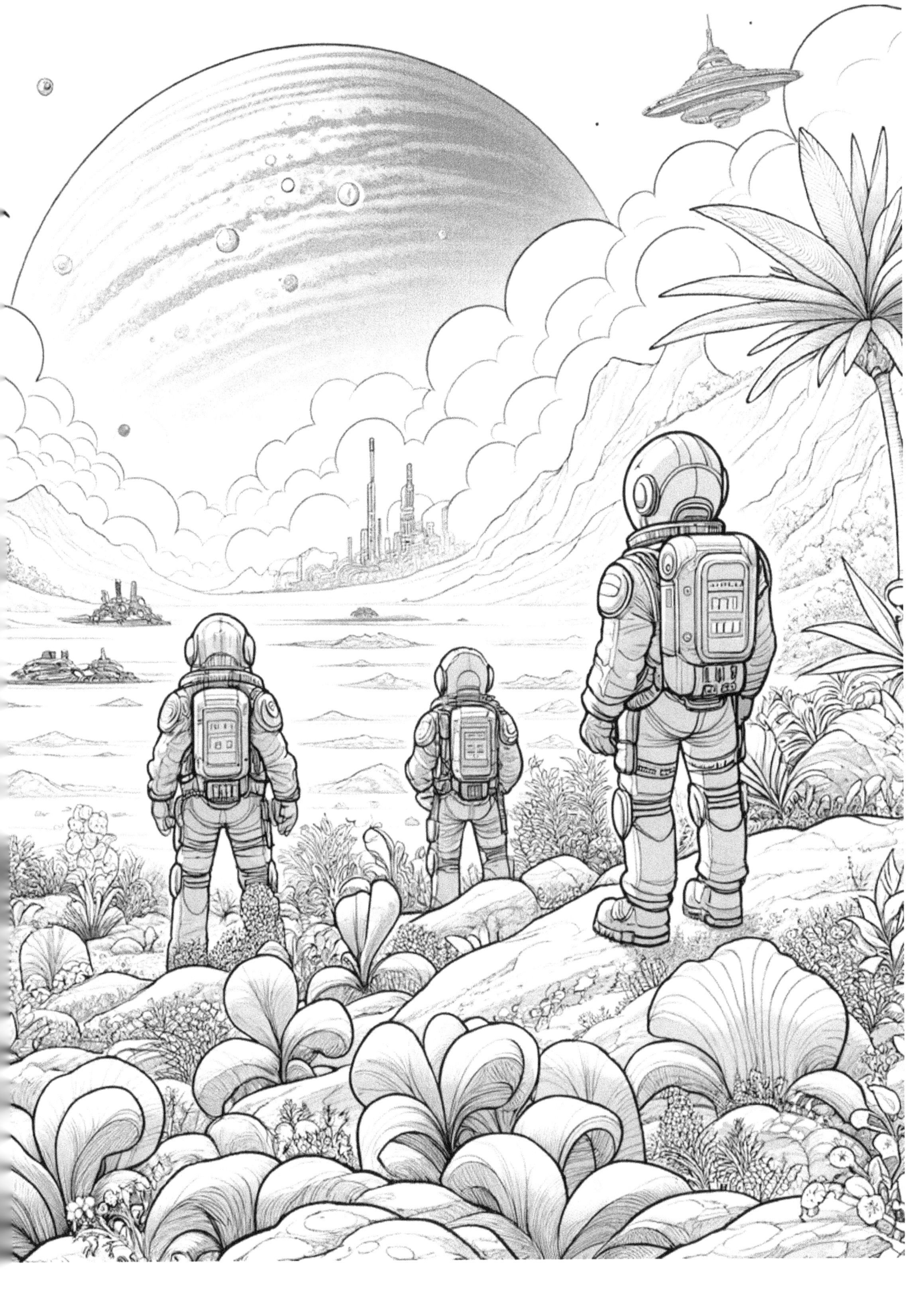